U0922821

大英博物馆

世界博物馆全书 第一辑

红糖美学 著

華中科技大學出版社
http://press.hust.edu.cn
中国·武汉

有书至美
BOOK & BEAUTY

前言 Preface

世界博物馆全书系列，是我们对艺术与历史的深刻致敬。我们邀请您开启一段跨越时空的探索之旅，一起深入了解和欣赏世界级博物馆的珍藏。这一系列的创作源自我们对人类智慧和美学的敬畏：我们希望通过呈现各地博物馆中的文物精品，启发读者探索不同文明的交融与发展。博物馆，作为历史的见证，不仅守护着人类过去的辉煌，更是启迪未来的灯塔。

每一座博物馆都是一个独立且丰富的“文化宇宙”。它们不只是静默的艺术品和历史进程的展示空间，更是人类在历史长河中不断探索、理解和创造文明的见证。这些知识的殿堂，作为文化传承与对话的桥梁，使我们得以与远古的智者沟通，感受历史的脉动。

大英博物馆位于英国伦敦，自1753年成立，现已经成为世界上最重要的文化机构之一。作为世界上最早的公共博物馆，它以收藏广泛、历史悠久和文化价值巨大而著称于世。大英博物馆的收藏几乎涵盖了人类历史上所有的文明，每一件藏品都承载着它所处时代的文化印记。其中包括罗塞塔

目录 Contents

Scythians
warriors of
ancient Siberia

MUSEUM OVERVIEW

博物馆概况

大英博物馆是世界上最古老、最著名的博物馆之一，位于英国伦敦，被评为是世界四大博物馆之一。作为历史、艺术和文化的宝库，大英博物馆收藏了从古埃及到现代的众多藏品，对英国乃至全球的文化有着深远的影响，是伦敦最具标志性的地标建筑之一。

位置与规模

大英博物馆位于英国伦敦市中心的大罗素街，毗邻著名的罗素广场。罗素广场是一个大型园林广场，周边有很多文化设施，伦敦大学的议事大楼、图书馆，以及戏剧艺术学院都汇集于此。

大英博物馆的建筑风格主要是以古希腊为模仿对象的古典主义风格，其建筑的石柱、立柱和雕刻都展现了古希腊建筑的特点。大英博物馆内有一个大中庭，中央设有阅览室。

博物馆拥有9个展区：非洲展区、美洲展区、古埃及展区、古希腊和古罗马展区、亚洲展区、欧洲展区、中东展区、主题馆、专题展。各个展区下设多个展厅，整个博物馆共有展厅94个。

发展历程

大英博物馆，对外开放于1759年，是启蒙运动的产物。它历经扩建和重建，特别是19世纪的扩充和『二战』后的重修，至今依然作为历史文化的重要中心，它不断更新展览，激发着观众对艺术与历史的探索。

18世纪——建立

大英博物馆诞生于欧洲启蒙运动时期。当时，汉斯·斯隆爵士将所有的藏品都赠予国王乔治二世，国会随之通过法案，批准以此批藏品为基础建立了大英博物馆。为了能向学者和一般民众提供公共服务，大英博物馆于1759年1月15日对外开放。其原址为布鲁姆斯伯里区的蒙塔古府邸。

19世纪——扩充

在开放后的半个世纪里，大英博物馆一直持续不断吸纳和淘汰藏品。1842年拆除蒙塔古府邸，1857年方形大楼与圆形阅览室落成，自此，大英博物馆的扩容告一段落。

20世纪——重生

第二次世界大战期间，博物馆大部分藏品都疏散到了别的地方。但博物馆建筑因遭受轰炸而严重毁坏，直到20世纪50年代、60年代才修缮完毕。

21世纪——改善

进入21世纪后，博物馆还在继续扩充和改善其公共空间与设施，常设展馆、新建项目相继落成并开放。

大英博物馆因藏品涉及范围广、种类多，号称『万物博物馆』，从历史文物到昆虫标本，从作家手稿到现代电器，一应俱全。至今大英博物馆的藏品已有800多万件，覆盖了人类200多万年的历史。展出藏品按照区域和主题进行了划分，共分9大展区。

非洲展区

非洲展区有1个展厅，是世界上最具规模和影响力的非洲艺术品展示厅之一，收藏了大量非洲地区的古代艺术品、手工艺品。

古埃及展区

古埃及展区有7个展厅。这里有大英博物馆最富盛名的收藏，是大英博物馆中最大的专题展区之一，所收藏藏品的年代可上溯到5000多年前，藏品数量仅次于埃及开罗的埃及博物馆。

美洲展区

美洲展区有2个展厅，按照地域分别展示北美和墨西哥地区的历史文物。美洲展区中最引人瞩目的文物来自于玛雅文化，非常精彩，值得一看。

中东展区

中东展区有15个展厅，所展示的文物来自古老的两河文明，这是人类历史上最古老的文明之一，古称“美索不达米亚”，意思是“两河之间的地方”。

古希腊和古罗马展区

古希腊和古罗马展区有17个展厅，这里汇集了古希腊和古罗马的珍贵文物。在这个展区，可以欣赏到古希腊的神庙、雕塑、陶器和古罗马的硬币、雕像等，可以充分领略古文明的辉煌与繁荣。

亚洲展区

亚洲展区有7个展厅，其中收藏的中国文物数量约2.3万件，长期公开展出2000件。数量仅次于法国的卢浮宫博物馆（约3万件）和美国的大都会艺术博物馆（约3.5万件）。2014年，博物馆为修复后的《女史箴图》制作了特殊的展柜，长期存放在此展区内编号91a号展厅，但每年只开放6周。

欧洲展区

欧洲展区有8个展厅，收藏了英国本国的重要文物。这里有著名的萨顿胡船棺葬和刘易斯棋子。

CELEBRATING

专题展

专题展设在90号、90a号展厅，展厅内的版画与素描学习室对所有参观者预约开放，提供欣赏、临摹藏品的机会。同时30号展厅会举办一些特展，比如《艺术的创新》《清朝女装》《女性地位的改变》等。

主题馆

主题馆有6个展厅，分别命名为：启蒙运动、收藏世界、沃德斯登遗赠、生与死、钟表、钱币。其中启蒙厅是大英博物馆现存最古老的展厅，展示了18世纪的英国人是如何通过他们的收藏来理解世界的。

大英博物馆的展厅按照区域、主题和时间顺序设置，游客可以轻松地了解历史和文化发展的脉络。比如亚洲展区、非洲展区、美洲展区等都按照地理区域划分，而欧洲展区则按照时间顺序设置。另外，展厅充分利用多媒体技术，游客可以通过触摸屏幕来了解各个地区和时期的文物，知晓背后的历史，增强参与感。此外，大英博物馆每一个展区的展览空间都经过精心设计，以适应不同类型的展品。例如，在非洲展区，播放着非洲传统音乐，充满文化氛围。

展览设置

除了9大展区之外，大英博物馆会举办各种临时展览，推出一些特别展览项目，此外还有其他延伸的教育项目开放给专家、公众。

◆ 临时展览

① 2022年，《女性的力量：从诸神到恶魔》（35号展厅）。回溯了五千年历史中不同文化所表达的女性神灵形象，探讨它们如何影响着我们对世界的认知。

② 2022年，《圣书体：解密古埃及》（30号展厅）。当时正值破译古埃及圣书体文字200周年纪念，为了回顾那些揭秘古埃及文明的重大历史时刻，博物馆组织了这次展览。

③ 2023年，《奢侈与权力：从波斯到古希腊》（35号展厅）。展品来自公元前550年—公元30年的中东和欧洲东南部，汇集了金、银和玻璃制作的精致工艺品。

④ 2024年，《泛缅甸：回顾与反思》（35号展厅）；《罗马军团：戎马生涯》（30号展厅）等。

◆ 教育项目

馆内设有讲解员，能为游客提供专业讲解服务。

馆内设有互动展示区，游客可以参与各种手工制作活动，亲身体验艺术品的制作过程，加深了解与认识。

此外，馆内还定期举办各种讲座、研讨会和工作坊，邀请专家学者进行学术交流和讲座，为学生、研究人员及公众提供更多的学习机会。

博物馆展览分布图

2层展馆

1 亚尼的死者之书（局部）

2 波特兰花瓶

3 女史箴图（摹本）

4 柿右卫门大象（一对）

5 刘易斯棋子

6 萨顿胡头盔

7 灌木丛中的公羊

1层展馆

8 拉玛苏石像

9 埃尔金石雕（局部）

10 湿婆神像

11 康侯簋

12 引路菩萨图

13 大维德花瓶（一对）

14 双头蛇绿松石马赛克胸饰

15 罗塞塔石碑

16 拉美西斯二世雕像

17 盖尔－安德森猫

18 摩艾石像“失落或被盗的朋友”

19 掷铁饼者（复制品）

B1层展馆

20 伊费国王头像

---

21 银镀金狮鹫兽来通杯（不作常设展示，2023年曾在35号展厅的“奢侈与权力：波斯到古希腊”展览中临时展出。）

MUSEUM'S TREASURE

镇馆之宝

罗塞塔石碑

打开古埃及文明之门的钥匙

罗塞塔石碑表面的黑色不是自然色，而是刷上去的油墨，石碑原本是带有纹理的深灰色。

石碑最上面是14行古埃及象形文字，又称为圣书体，是献给神明的文字。

中间是32行埃及草书，又称为世俗体，是当时埃及平民使用的文字。

最下面是54行古希腊文，代表统治者的语言，因为当时的埃及臣服于亚历山大大帝，统治者要求其领地内所有文书都需要添加希腊文的译文。

创作年代：公元前196年

类型：石碑

尺寸：高112.3厘米；宽75.7厘米；厚28.4厘米

来源地：埃及

罗塞塔石碑被誉为大英博物馆的“镇馆之宝”，上面用两种古埃及文字和一种古希腊文，记述了托勒密王朝第五位法老——托勒密五世的一份诏书。随着它重现于世，已经失传1400多年的古埃及文字也再次走进了人们的视野。

罗塞塔石碑是一块更大石板的残存部分。罗塞塔石碑的碑文和古埃及其他法令一样，是对法老进行歌功颂德的材料。一般来说这类石碑会着重描述法老的卓越战功，但此时托勒密五世只有14岁，年纪还小，没有战绩，所以该石碑主要从减免赋税、奖励军队、对神庙与祭司们的大力支持等方面对其进行歌颂。

完整的罗塞塔石碑复原效果

罗塞塔石碑的制作过程：先在花岗岩上刻上文字，然后将红色颜料注入文字中，再在文字表面涂上一层厚厚的用椰子油做成的蜡，保护文字不被风化、破坏。这样复杂的工序，再加上沙子的长久掩埋，才使得罗塞塔石碑和其上文字能比较清晰地保存至今。

小提示

罗塞塔，是埃及的海港城市。1799年，拿破仑的军队在海岸附近的罗塞塔镇修建要塞时，一名士官在土壁内发掘出一块石碑残部，上面镌刻着古怪的文字，这就是著名的罗塞塔石碑。为躲避战火，法军将石碑由开罗运到了亚历山大。1801年，罗塞塔石碑到了英军手里，后被捐赠给大英博物馆。

埃及罗塞塔风光

文物小知识

唤醒不朽文明：罗塞塔石碑的解读

这块历史悠久的罗塞塔石碑是当之无愧的顶级文物，它是连接当今世界与古埃及文明的重要桥梁，为我们揭开了古埃及象形文字神秘的面纱。

发现端倪

英国物理学家托马斯·杨发现了石碑上频繁出现的画着圆圈的象形文字，他推测写的是“托勒密五世”。按这个思路，人们很快确认了“庙宇”“埃及”“希腊”等象形文字。然而这些都是孤立的字词，在它们之间还有大段大段的象形文字，完全无法解读。

托马斯·杨的手写信

当解读陷入僵局时，法国历史学家让-弗朗索瓦·商博良出现了。古埃及象形文字此前被认为是用形表意，而商博良发现古埃及象形文字原来是具有表音作用的。

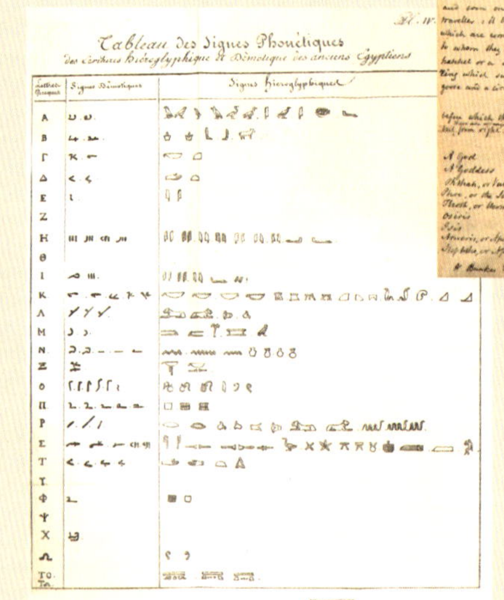

商博良的象形文字手稿

让-弗朗索瓦·商博良

国籍： 法国

身份： 历史学家、语言学家、埃及学家

出生日期： 1790年12月23日

逝世日期： 1832年3月4日

主要成就： 破解古埃及象形文字结构，破译罗塞塔石碑，埃及学的创始人。

破译罗塞塔石碑

商博良发现，埃及人写法老的名字时，都是用象形文字通过“拼音”的方式拼出来的。所以象形文字并不“象形”，更像是一种表音文字，一个符号代表的是一种发音。这个重大发现成为解读所有埃及象形文字的关键线索。古埃及象形文字包含三种字符：音符、意符和限定符。其中有些符号是字母，有些是音节文字，比如，在一段象形文字中，一只鹰的图形代表“鹰”字；但在另一段文字中，同样的图形代表的却是字母“A”——古埃及语“鹰”的第一个字母；在另外一些情况下，同样的符号又可以读作“迅疾”——鹰的特征之一。

基于这样的理解和分析，商博良开始逐步把这些文字构建成一个可以理解的体系，并着手翻译罗塞塔石碑文中的象形文字。1824年，商博良完成了罗塞塔石碑的全文翻译，编制出了完整的古埃及象形文字符号和希腊字母的对照表。这为后来解读大量的古埃及遗留纸草文书提供了有力工具。

商博良的解读，标志着“埃及学”的正式诞生，他也因此被称为“埃及学之父”。

托勒密王朝

托勒密王朝又叫托勒密埃及王国，由亚历山大大帝的同伴、马其顿将军托勒密一世索特于公元前305年建立。罗塞塔石碑的主人托勒密五世于公元前204年—公元前181年在位。他是托勒密四世和王后阿尔西诺伊三世的儿子，年仅5岁就登上了王位。

公元前197年，埃及多处爆发反托勒密政权的叛变。从石碑上的文字推测，当时的埃及祭司有可能帮助托勒密政权度过了这场危机，以致国王下诏感谢祭司。托勒密五世死后，托勒密王朝和塞琉古帝国的战争再度爆发，随后托勒密王朝逐渐衰落，公元前30年，随着克利奥帕特拉七世（即“埃及艳后”）死去，托勒密王朝彻底覆灭。它被公认为是古埃及的最后一个王朝。

托勒密一世头像　卢浮宫博物馆藏

托勒密五世统治期间铸造的大型托勒密青铜币

克利奥帕特拉七世头像　德国历史博物馆藏

古埃及象形文字

早在公元前3500年左右，古埃及人出于记事的需要，就发明了最初的文字。这种文字由原始的图画文字演变而来，经过长期的发展，到公元前3100年左右，形成了比较完备的象形文字体系。三千多年来，象形文字变化无穷，出现了许多变体。这种文字可以横写、竖写，可以向右写、向左写，动物字符头部的朝向决定了阅读的方向。

刻有国王阿蒙涅姆赫特三世象形铭文的门楣

刘易斯棋子

世界上最著名的棋子之一

创作年代：12 世纪中至 13 世纪初

类型：海象牙雕塑

尺寸：高 3.5 厘米—10.2 厘米

来源地：苏格兰

目前已知的刘易斯棋子系列文物一共有93件：包括78枚棋子、14张棋盘和1个皮带扣。78枚棋子中包括8个国王、8个皇后、16个主教、15个骑士、12个守卫和19个兵。兵棋子的高度在3.5厘米至5.8厘米之间，其他棋子的高度在7厘米至10.2厘米之间。

刘易斯棋子是12世纪北欧艺术的珍宝，以海象牙精雕细琢，生动展现了中世纪欧洲文化风貌，是研究当时历史与艺术的重要窗口。

刘易斯棋子造型精美，细节丰富。比如这个皇后棋子，她被刻画成一种沉思的姿态，一只手优雅地支撑着脸颊，眼神深邃。王后身着一件精致的长袍，其流畅的线条仿佛捕捉到了布料柔软而轻盈的质地，体现了制作者的高超技艺。

刘易斯棋子中的兵棋子被刻画为坚固的石塔形状，粗犷而简洁，象征着稳固与力量。

小提示

国际象棋起源于印度的棋戏“恰图兰卡”，经由波斯传入伊斯兰世界，在10世纪传播至欧洲，并迅速成为一种智力游戏，深受贵族阶层喜爱。到了12世纪，它已是欧洲宫廷和教育中不可或缺的一部分，象征着王室和贵族的战略思维与社会地位。刘易斯棋子在刚出土时，个别棋子上有红色的痕迹，表明当时可能使用红白两色来区分双方棋子，而不是现代用的黑色和白色。

中世纪镜像：刘易斯棋子与欧洲社会风貌

公元10世纪，波斯象棋传播到欧洲，在之后的几百年里，欧洲象棋的棋子们被精雕细琢，通过这些棋子的形象设置，可以一窥当时的社会结构与风貌。

社会阶层

国王（King）：国王的权威和地位在当时的欧洲是不可挑战的。在刘易斯棋子中，国王棋子的形象通常为坐在宝座上，展现出其威严和权力。

皇后（Queen）：在中世纪的欧洲，皇后不仅仅是国王的妻子，她在许多情况下还扮演着顾问和权力执行者的角色。刘易斯棋子中的皇后通常表现为庄重而深思的女性形象，象征着她的智慧。

主教（Bishop）：主教棋子代表了教会在中世纪社会中的重要地位。教会在当时不仅是宗教的中心，还在政治、教育和社会秩序中扮演着关键角色。

骑士（Knight）：骑士在中世纪社会中是军事和贵族阶层的代表。他们在战争中起着决定性作用，同时也是封建制度中的重要成员。

守卫（Warder）：这些棋子通常为手持武器和盾牌的形象。尽管他们的地位不高，但在战争和日常生活中是不可或缺的角色。

服装细节

国王、皇后、主教棋子通常穿戴华丽、装饰性强的长袍和复杂的头饰，展现了他们的高贵身份。骑士则穿着实用的铠甲，表现出他们的战士身份。而守卫就只能穿朴素的服装了。这些细节不仅揭示了中世纪的服饰文化和社会等级，也展现了当时手工艺的精湛技艺。

刘易斯棋子的发现

刘易斯棋子于1831年由当地居民在刘易斯岛乌伊格湾附近意外发现的。这个地方很特别，因为刘易斯岛位于苏格兰西北海岸，是外赫布里底群岛中最大的岛屿。在中世纪，这个岛屿是挪威和苏格兰之间重要的贸易中心。被发现后，这些棋子被带到爱丁堡，最终大部分被出售给了大英博物馆。剩余的11枚棋子现存于爱丁堡的苏格兰国家博物馆。

乌伊格湾

海象牙制成的皮带扣

刘易斯棋子的制作工艺

刘易斯棋子的制作工艺展示了中世纪挪威精湛的牙雕技术。这些棋子主要由海象牙制成，部分则采用抹香鲸牙。海象牙可能来自于格陵兰岛，然后被贸易到挪威。一根海象牙最多可以雕刻四枚棋子。

掷铁饼者（复制品）

古希腊体育竞技的代表

雕塑虽然是静止的，但雕刻者抓住了运动员从一种状态转换到另一种状态的瞬间动态，选择了铁饼摆到最高点，即将向前抛的一刹那。掷铁饼者身体呈现出强烈的扭转态势，表现出强烈的紧张感与生命力。

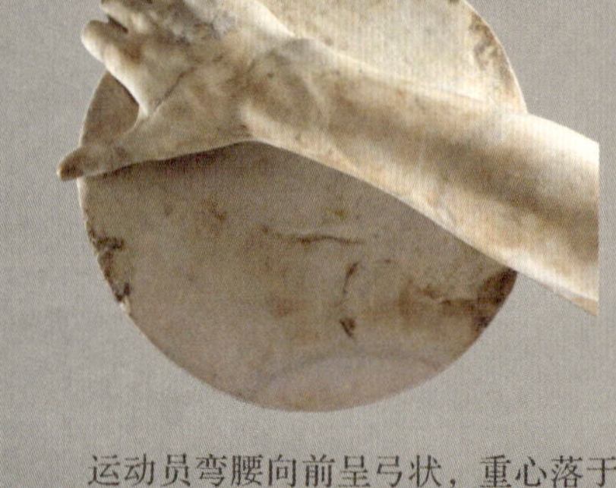

运动员弯腰向前呈弓状，重心落于右腿，上身向后转，拿铁饼的右手转向身后，使前倾的身体获得瞬间的平衡。手臂到极点的那一刻，铁饼也被摆到了最高点，即刻就要被抛出。

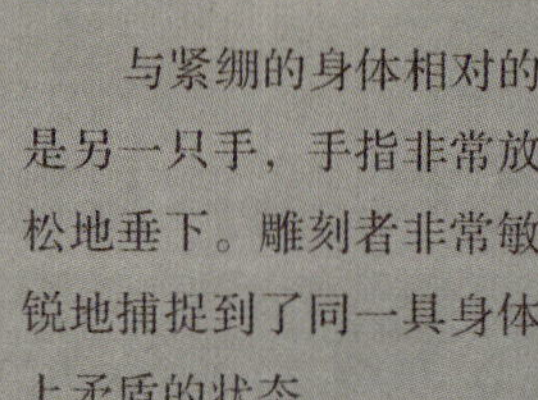

与紧绷的身体相对的是另一只手，手指非常放松地垂下。雕刻者非常敏锐地捕捉到了同一具身体上矛盾的状态。

创作者：米隆（原作）

创作年代：约公元前 450 年（原作）

类型：大理石雕塑

尺寸：高 1.69 米

来源地：意大利

掷铁饼者描绘了一个正准备掷出铁饼的运动员，创作者成功捕捉了运动员运动过程中的动态和张力。这尊雕像展示了人体在运动中的美感和力量感，体现了古希腊对人体美学的极致追求。掷铁饼者是希腊雕刻家米隆约公元前450年完成的青铜雕塑，原作已经丢失，公元2世纪，崇尚古希腊文明的罗马皇帝命人重造掷铁饼者。但罗马人选择用大理石做材料，而不是用青铜。

此雕像表现了古希腊270度转体投掷的技术特征，而不是我们今天常见的圆周转体投掷。较小幅度的旋转，加上古希腊的铁饼比现代的略重，所以当时的投掷距离纪录可能比现在的短。

小提示

大英博物馆所藏的掷铁饼者和其他复制品不一样的是头部的方向，他的脸是朝下的。米隆最初的青铜雕像是转头回看铁饼的，而不是低头，其他版本的雕像也证明了这一点。在罗马国立博物馆的那件掷铁饼者，脸朝向旁边，更加接近原作。

掷铁饼者（复制品）
罗马国立博物馆藏

文物小知识

力与美：掷铁饼者背后的古希腊体育文化

掷铁饼者雕塑是古希腊体育与艺术结合的杰出代表，体现了动与静之间的微妙平衡，古希腊人认为这种平衡象征着思想、身体和精神的和谐统一。所以此件雕塑不仅是对从事体育活动的运动员的描绘，也体现了古希腊人的价值观。

古希腊人为什么会给运动员塑造雕像？

古代希腊是由城邦组成的，时常发生城邦间的战争，加上外敌入侵，因此需要很多健康强壮的公民。古希腊人便开始以健身为荣，优秀公民的标准之一就是能否参加体育活动。为了鼓励运动，统治者会给一些在竞技比赛中获胜的运动员塑造雕像。

掷铁饼者（青铜复制品）

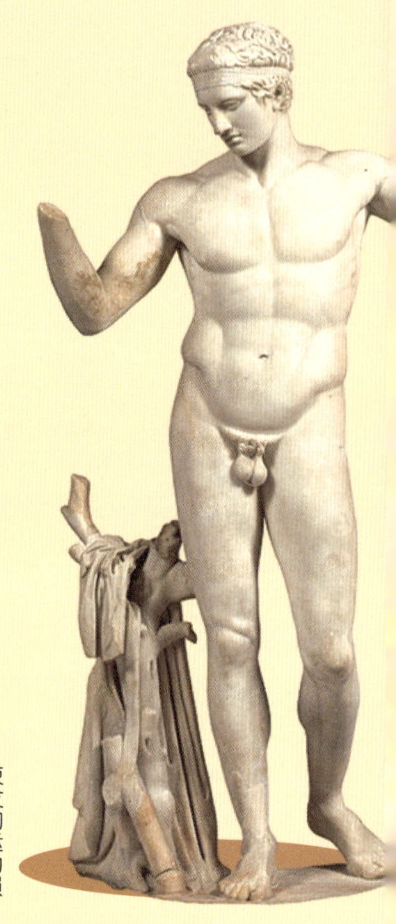
束发的运动员

奥林匹克运动会

古希腊奥林匹克运动会的创始人是伯罗奔尼撒的统治者伊菲图斯，他为了使政治、宗教与体育竞技合为一体，决定每四年举行一次运动会，时间定在闰年的夏至之后。因举办地在奥林匹亚，运动会因此得名奥林匹克运动会。公元前776年，第一届古代奥林匹克运动会成功举办。从公元前776年开始到公元394年止，1170年间共举行了293届古代奥林匹克运动会。

奥林匹亚考古遗址

1875年，德国考古队开始发掘奥林匹亚遗址。1892年，被尊称为“奥林匹克之父”的法国人顾拜旦提出举办现代奥林匹克运动会的倡议。1894年，国际奥林匹克委员会成立。1896年4月6日，在征得希腊国王乔治一世的同意后，第一届现代奥林匹克运动会在雅典举行。

掷铁饼运动的起源

掷铁饼运动，来源于古人类投掷石片的行为。远古时期，古人类常用石块去投掷飞禽走兽，或者击打树枝，让果子掉下树来。因此这是一项和人们日常生活密不可分的运动。与掷铁饼一样，掷标枪和链球也起源于人类早期的生产活动，这三者的原型实际上都是原始人类的捕猎行为。公元前708年，在第18届古代奥运会上，掷铁饼被正式列为竞赛项目。

希腊奥林匹克运动员雕像

古代奥运会的五项全能

古代奥运会的五项全能项目包括掷铁饼、跳远、标枪、赛跑和摔跤。

赛跑在古代奥运会中具有重要地位，其中，短跑比赛距离为192.27米，更远距离的赛跑比赛赛道长度都是192.27米的倍数。

古代的标枪用木头制成，中部缠绕皮带，另一端绕在运动员的手指上。

古代掷铁饼比赛的场地在高出地面的台子上，和现代区别很大。投掷的“饼”也不是铁制，而是石制。

古代摔跤比赛只能用上半身进行搏斗，不能用腿踢。比赛并不按体重分级，也没有时间限制。

在古代跳远比赛中，运动员双手各拿一块石头，在起跳时将手里的石头向后用力扔出。古希腊人认为这样可以增加跳远的距离。

现代奥运会的掷铁饼运动

1896年，雅典奥运会将男子铁饼列为比赛项目。1912年，国际业余田径联合会统一了铁饼的重量和规格，确定铁饼标准重量为2千克，投掷圈的直径为2.5米。1928年，阿姆斯特丹第九届奥运会将女子铁饼列为比赛项目。20世纪初，现代铁饼运动传入中国，男子铁饼和女子铁饼分别于1914年和1933年被列入全国运动会正式比赛项目。

举办1896年雅典奥运会的泛雅典运动场

MUSEUM COLLECTION TREASURES

馆藏珍品

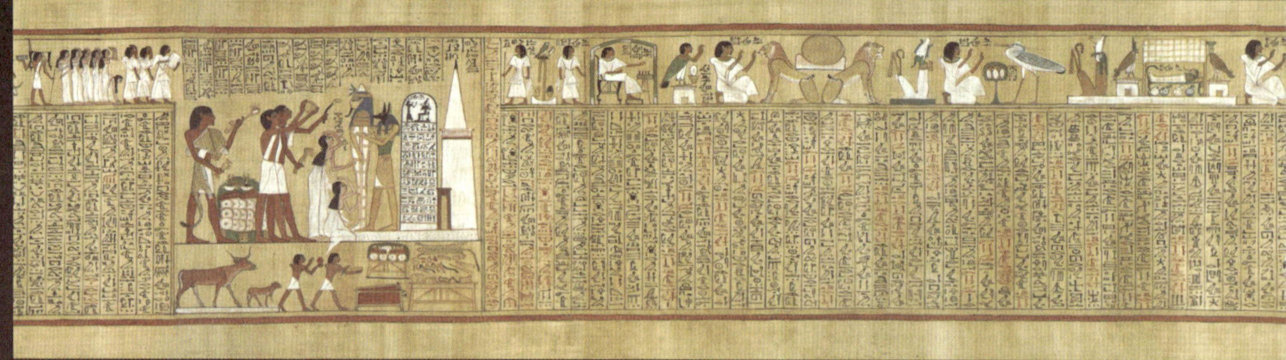

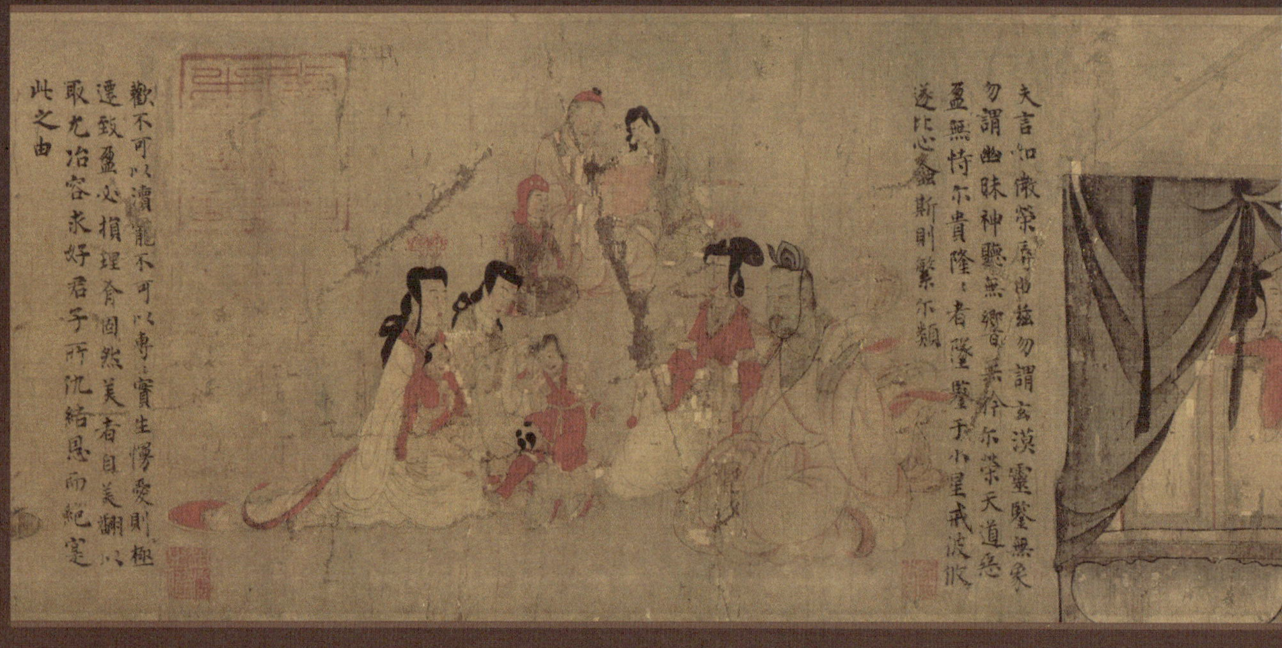

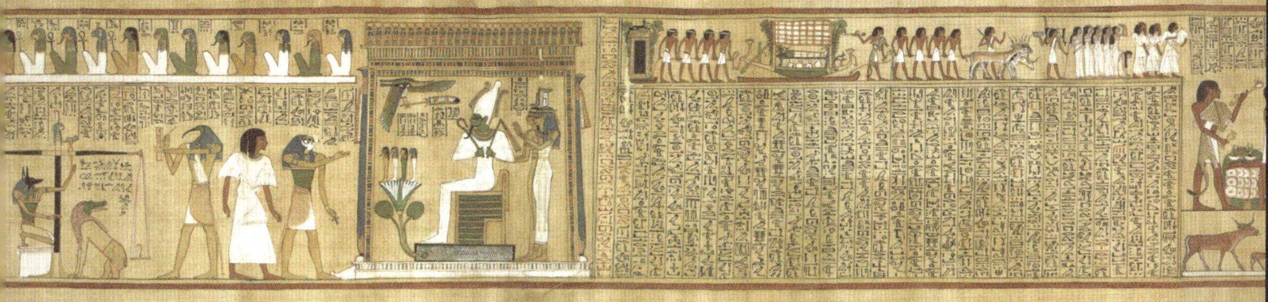

出其言善千里應之苟違斯義
同衾以疑

亚尼的死者之书（局部）

古埃及人的复活指南

画卷上描绘了亡者亚尼灵魂离开肉体后的一系列地狱漫游之路，这是本作品中最精彩的部分。亚尼在阿努比斯的带领下，经受一系列考验，通过冥界之门，来到冥神面前，进行“称心仪式”。随后他搭乘太阳船，通过复活之路，最终得以重生。

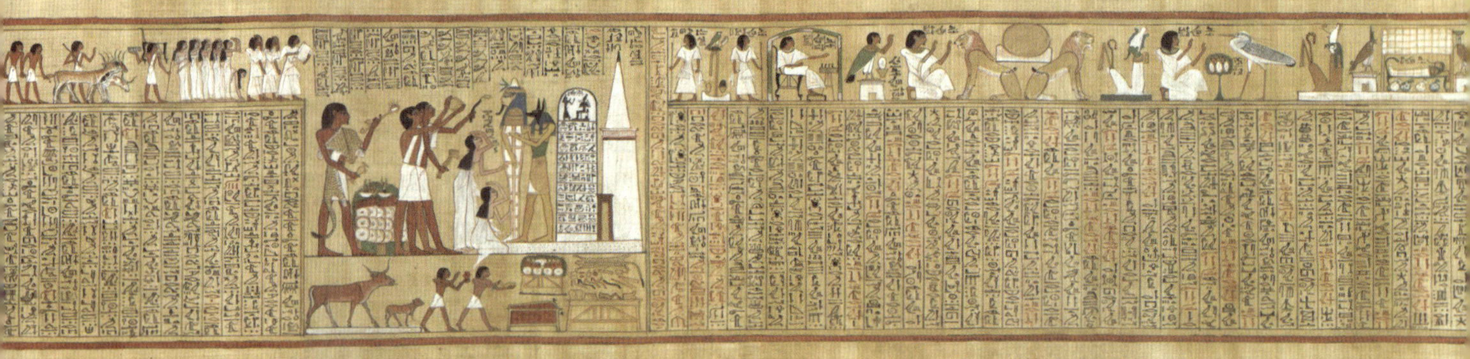

创作年代：约公元前 1295 年—公元前 1189 年

类型：莎草纸长卷

尺寸：全长约 24 米

来源地：埃及

《亚尼的死者之书》是在莎草纸上描绘的，这些生动的彩色图画和复杂的象形文字展现了古埃及人对死后世界的理解与信仰，以及他们对永恒生命的追寻。

《亚尼的死者之书》是一部长卷形成的古埃及文献。它不仅是一系列魔法咒语和宗教故事的汇编，更是一篇专为逝者亚尼定制的冥界指南，用长达60章的篇幅帮助他克服冥界的挑战，再次复活。《亚尼的死者之书》不仅是古埃及文化和宗教的见证，它的艺术价值和对古埃及哲学思想的研究价值也是无可估量的。

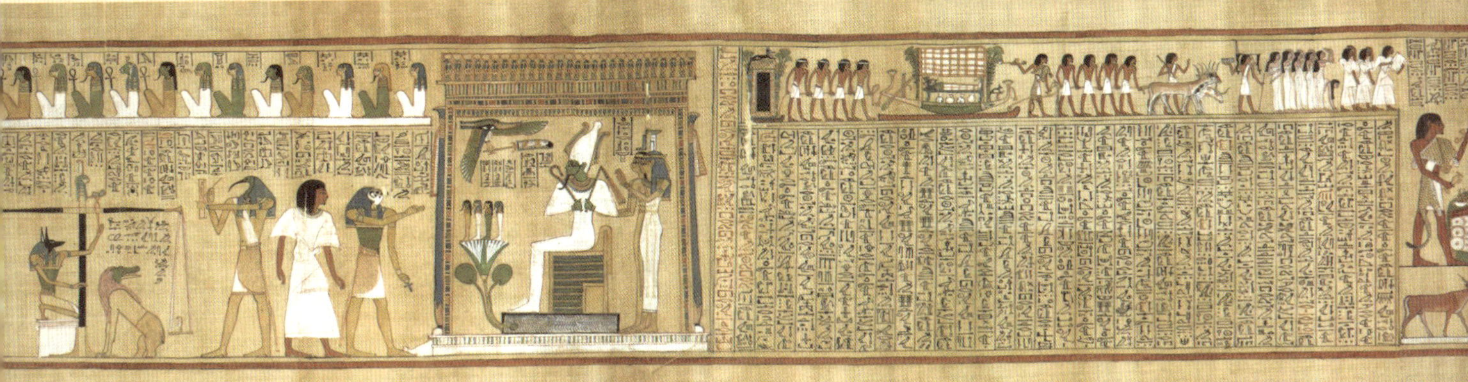

奥西里斯是古埃及神话中掌管地狱的冥王，也是植物、农业和丰饶之神。他留着卷曲的胡须，手持曲柄杖、连枷，头戴王冠，具有至高无上的权力。他最大的特征就是脸和手都是绿色的。

“称心仪式”是亡灵书中最有名的场面。奥西里斯面前有一架天平，天平两端，一边放着亚尼的心脏，一边放着代表正义、公理的羽毛。如果心脏比羽毛重，就代表灵魂是肮脏的，心脏会被等候在一旁的怪兽阿米特吃掉。奥西里斯会根据称心的结果来判决死者是否能够复活。

小提示

莎草纸，是古埃及人广泛使用的书写材料，原材料为曾在尼罗河三角洲生长的莎草植物。早在公元前3000年，莎草纸就在埃及出现，除了作为书写材料外，古埃及人还用它来制造各种手工艺品，如船、垫子和篮子等。

莎草纸绘画

文物小知识

重生之路：古埃及人的生死观

古埃及人对生死拥有深刻且独特的观念。他们相信死亡不是生命的终结，而是进入另一个领域的延续。这种信念体现在他们精心的防腐处理和装饰华丽的陵墓中，他们为死者重生做好了准备，包括食物、财物乃至仆人等。通过这些习俗和信仰，古埃及人展现了他们对死亡的尊重和对重生的期待。

埃及吉萨平原上的金字塔

帝王谷北面的哈特谢普苏特神庙

各时期古埃及人生死观的演变

在古王国时期到中王国时期，当时的埃及人都追求死后能重生，他们认为陵墓是自己死后居住的房子，对陵墓的修建极为看重。这也是很多埃及国王会不遗余力地建造金字塔的原因。

到了新王国时期，开始流行在山谷的悬崖上凿挖墓室，将法老的尸体放入其中，这个安葬了几十位法老的山谷名为“帝王谷”。帝王谷的出现不仅是安葬方式的改革，更是埃及人在生死观上发生改变的证明。埃及人相信人人都可以获得长生，墓葬只是由死过渡到生，之后达到永恒的媒介。他们认为生命是一个不断循环的过程，人死后灵魂会去往另一个世界。

从新王国时期开始，棺椁内或木乃伊旁会放置祭文“死者之书”。在古埃及的语言中，“死者之书”的含义其实是“重见天日之书”。

古埃及人生死观的形成

古埃及人形成这样的生死观主要受到他们的宗教信仰和自然环境影响。比如在古埃及神话中，冥王奥西里斯就经历了死亡和重生这个过程。尼罗河河水的季节性泛滥和退去，也被视为生命循环和再生的象征。这都影响了古埃及人对生命和死亡的态度。

尼罗河沿岸风光

卡诺匹斯罐

埃及人视心脏为灵魂、智慧、记忆的居所，因此人去世后心脏会留在身体中，而别的内脏就放进卡诺匹斯罐。卡诺匹斯罐会与死者的石棺一同放在墓穴里，因为古埃及人相信死者在冥界需要这些内脏。卡诺匹斯罐共有四个，每个罐子分别保存一种人体器官。每个器官由特定的神祇守护：狼首神多姆泰夫，坛内贮藏胃；隼首神凯布山纳夫，坛内贮藏肠；狒狒首神哈碧，坛内贮藏肺；人首神艾姆谢特，坛内贮藏肝脏。

卡诺匹斯罐

木乃伊

古埃及人制作木乃伊是出于对永生的坚定信仰。他们认为，人去世后会重生，需要一个保存良好的身体以便灵魂来使用。首先，他们会移除体内的主要器官，只留下心脏。接着，使用一种特殊的盐类物质脱去尸体多余的水分，这一步至关重要，可以防止尸体腐烂。然后，尸体会被涂上树脂等，这有助于封锁水分并保持尸体不被侵蚀。最后，将尸体用布条紧紧包裹，形成最终的木乃伊形态。

木乃伊棺椁

猫木乃伊

除了人，古埃及人还会把猫、狗、鹰、鳄鱼等动物尸体制作成动物木乃伊，因为他们认为这些动物代表着不同的神祇。例如，猫被视为保护家庭和健康的象征，与女神巴斯特的形象密切相关。

女史箴图（摹本）

中国美术史上的『开卷之作』

冯媛挡熊

汉元帝在宫中观看斗兽表演，忽然一只凶猛的黑熊失控跑出围栏。两位妃子转身就逃，皇帝也受到了惊吓。而这个时候，妃子冯媛勇敢地冲向前方为汉元帝挡住了熊。熊愤怒咆哮着向她扑去，皇帝则脱离了险境。

班妾辞辇

汉成帝出游时，邀请班婕妤坐同一辇，但她拒绝了。她说：听说古代的圣明之君身侧都是大臣陪同，只有夏桀、商纣王、周幽王这种末代昏君才与妃子同乘。她不愿效仿这种行为，以此劝谏汉成帝不要贪图享乐。

日中则昃

这幅画面描绘了山川日月、猎人狩猎的场景，是全卷唯一以象征手法描绘的画面。此图所表述内容在其箴文中有所体现：物极必反，盛极必衰。

创作者： 顾恺之（原作）
创作年代： 唐代（摹本）
类型： 绢本设色长卷
尺寸： 画心长约 343.75 厘米；宽约 24.37 厘米
来源地： 中国

《女史箴图》是现存已知的最早的中国画长卷之一，是中国东晋画家顾恺之创作的绢本绘画作品。画面描绘了一系列古代妇女应当遵守的道德信条和梳妆装扮等日常生活情景等，意在用历代贤妃的故事来告诫古代宫廷妇女需遵守德行。

莫知饰其性

这是一幅描绘女子化妆的画面。旁边的箴文写道：人们都知道要修饰容貌，却不注重修养品性，若不修养品性就很容易失态，所以要常常磨炼，品性才会完善。

出其言善

描绘一对夫妻坐在床上聊天。箴文说的是：只要是好话，千里之外的人都会响应，但如果是坏话，夫妻也会相互猜疑。

灵鉴无象

描绘的是一家人的日常，神灵时刻在暗察他们的言行。箴文说的是：人们的一举一动均须恪守规范、不逾矩。此段描写人物众多，但表情各异，丰富多彩。

欢不可以渎

一位美丽的女子正向皇帝跑去，但皇帝做了拒绝的手势。箴文说的是：再喜欢也不能轻浮，再宠爱也不能专宠。

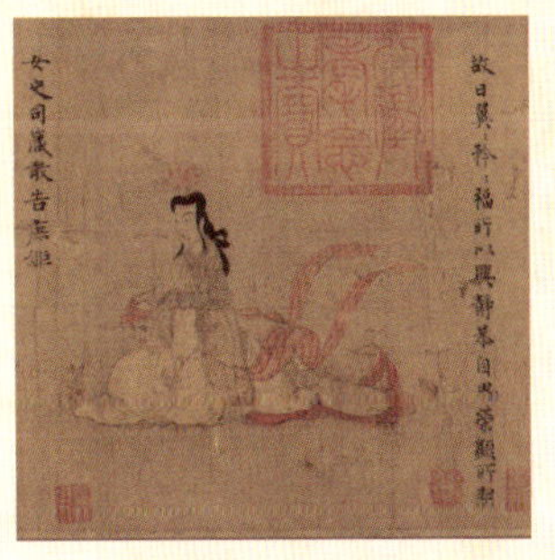

静恭自思

画面中描绘了一位女子，正沉思端坐，符合箴文中所说的："故曰，翼翼矜矜，福所以兴。靖恭自思，荣显所期。"

小提示

顾恺之所画的《女史箴图》原作早已失传，只有几幅临摹之作留存下来。目前在大英博物馆的这一卷是唐代的仿作，原画本有十二段内容，前三段已遗失，是公认为最接近顾恺之画风的版本。

女史司箴

女史官面对二女秉笔直书，记下这些箴言，记述诸女言行，并告知所有的嫔妃、妻妾。

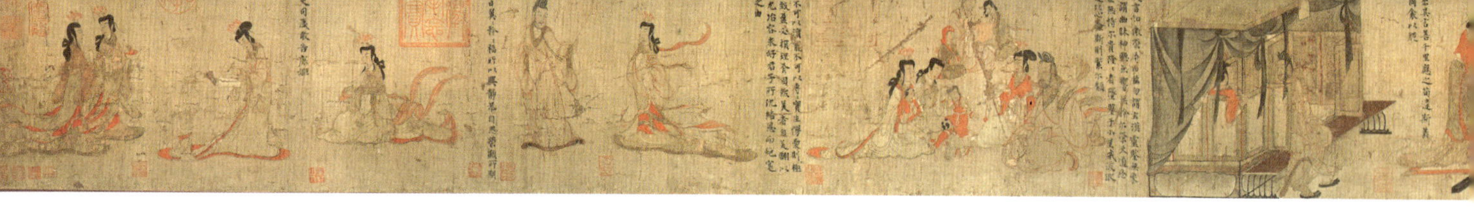

文物小知识

风雨飘零:《女史箴图》

《女史箴图》从创作之初就备受推崇，作为罕见而脆弱的绢本画卷，它的保存难度很大。可惜在战火中这件唐摹本《女史箴图》没有得到很好的保护，差一点就完全损毁了。

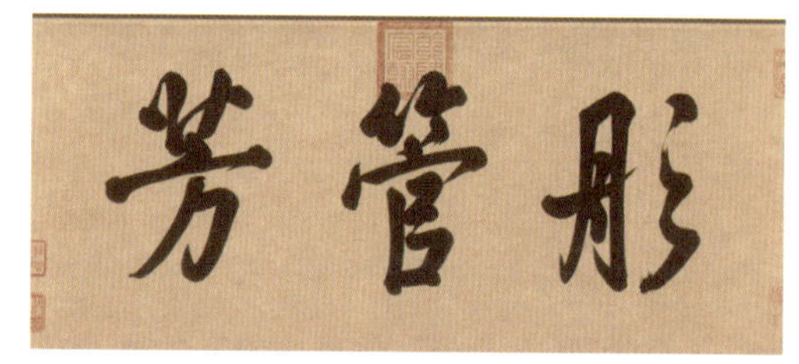

乾隆皇帝在《女史箴图》卷首御笔题写“彤管芳”三字，寓意着这幅画会流芳百世。

漂洋过海

清代末期，战事不断，《女史箴图》就是在这样的背景下来到了大英博物馆。1903年，一位英国军官带着一幅颜色已经泛黄的古老中国画卷来到大英博物馆，希望能将其出售。他最初被画卷上的翡翠套环吸引，期望能以此获得一笔可观的收入。然而，当博物馆的专家西德尼·考尔文为这幅画定价25英镑时，这位军官显然并不满意。但经过一个月的犹豫，他最终接受了这个价格，《女史箴图》就这样成了大英博物馆的一件藏品。

乾隆皇帝在作品上盖了37方印章。

损毁的《女史箴图》

损毁严重

《女史箴图》到了大英博物馆后，由于工作人员对中国古画修复技术不熟悉，《女史箴图》在保存过程中已经出现破碎、开裂、掉渣。

修复后的《女史箴图》

努力修复

为了修复《女史箴图》，中国的古画修复专家带领助手扛起了重任，专门制作了一种混合糨糊，可以在保证黏度的同时又不会留下修复痕迹。修复团队花费了两个多月时间，在显微镜下一点点修复，终于在2014年修复完成。

顾恺之

顾恺之（约345年—409年），东晋画家。在当时，画家都被视为工匠，没人会在作品上留下自己的名字。顾恺之是第一个在作品上留下自己名字的人，也是中国绘画史上第一个有确切画迹可考的画家。

顾恺之画人时十分注重传神写照，善于通过眼神来表现人物的精神气质和性格特征。他的笔法也很特别，后人称为“高古游丝描”，勾线时，线条如同春蚕吐丝般连绵不断、悠缓自然，能让衣服看起来更加流畅飘逸。

《列女仁智图》（局部） 顾恺之

《洛神赋图》（局部） 顾恺之

《女史箴》与《女史箴图》

《女史箴图》是根据西晋张华的辞赋《女史箴》创作的，张华旨在通过记述历代贤明后妃的事迹来告诫当时的皇后应遵守德行。晋惠帝时期，由于皇后贾南风专权暴政，张华担忧国家未来，故撰写《女史箴》以劝谏贾后。

顾恺之将这部文学作品中的12个场景描绘出来，并巧妙地融入创意，使画作既有教育意义，又不失趣味性。例如，他描绘了一位女子在听取教诲时的僵硬表情和飘扬的红丝带，以及帝王的手势，形成了一幅既尴尬又幽默的画面，生动地表达了箴言的深刻含义。

引路菩萨图

璀璨夺目的中国敦煌遗存

创作年代：851 年—900 年

类型：绢本设色卷轴

尺寸：高 80.5 厘米；宽 53.8 厘米

来源地：中国

这幅作品展现了一位身着华丽服饰的菩萨，引领一信女前往极乐世界的场景。线条细腻精致，色彩和谐，空间处理独特，是典型的唐代佛教美术风格。

《引路菩萨图》是一件出土于中国敦煌莫高窟的唐代佛教艺术珍品。作为敦煌艺术的代表作之一，它不仅在中国佛教艺术史上占有重要地位，也是研究古代中国社会、宗教和美术的重要资料。

菩萨面容慈祥，姿态优雅。他右手拿着一个金色的香炉，朝前指明方向；左手拿着一朵莲花，莲花上挂有一面白色的引魂幡，引魂幡随风飘扬。菩萨侧身向后看，引领着身后的信女。

顺着云的方向发现，云所来之处是一处金碧辉煌的建筑群，这座建筑由三座楼阁组成，中间用回廊连接，正是唐宋时期寺庙及皇宫常见的建筑风格。这里象征菩萨引导亡灵前往的极乐世界。

右上方题有“引路菩”三字。引路菩萨在唐代开始流行，在敦煌藏经洞有众多此类题材的绘画，但这幅是唯一带有题字内容的。

信女姿态谦卑，跟在菩萨身后。这种主从关系，也体现在明显的大小对比上。

小提示

敦煌，这个坐落在中国西北边陲的古城，因莫高窟而闻名于世。莫高窟是一处规模宏大的佛教石窟群，其内部的壁画和泥塑，从4世纪至14世纪的不断营建中，展现了不同历史时期的艺术风格和文化内涵，被誉为“东方艺术的珍宝”。

大英博物馆馆藏的敦煌文物

METALWARE / 金属器

银镀金狮鹫兽来通杯

阿契美尼德王朝的杰作

波斯人有喝红酒的习惯，古希腊作家希罗多德在自己的游记《历史》中记录有这一点。他观察到波斯人在生活中大量饮用红酒，就连商谈时也酒不离手。据考证，在阿契美尼德王朝的宫廷酒宴上，国王有时会和臣子一起举杯共饮。

此杯的最大特点是杯身上精细雕刻的狮鹫形象。狮鹫是一种神话生物，在古代波斯文化中象征着力量和王权。该形象在阿契美尼德王朝非常流行，常常出现在各种装饰艺术品上。此杯可能用于宗教仪式，或作为王权象征。

狮鹫伸出前肢，颈部戴着一条项链，最初嵌有宝石，后来脱落并丢失。狮鹫眼眶里原本镶嵌有宝石，现在也已脱落。

创作年代： 公元前 5 世纪

类型： 酒杯

尺寸： 直径 13.4 厘米—14.5 厘米；高 23 厘米

来源地： 土耳其

文物放大镜

这件来通杯大概制作于阿契美尼德王朝的鼎盛时期。用高品质的银制成，表面镀金，无论贵重的用材还是精细的雕刻，都展现出阿契美尼德金属工艺的高超水平。

狮鹫的后脖颈本来有直立的鬃毛，现已不存。

这件来通杯是一套银质饮食器中的一件。

酒杯上部雕刻着一圈莲花、棕榈花等纹样。

小提示

来通杯上鹰头狮身的怪物叫作“格里芬”，也称“狮鹫”。其形象起源于美索不达米亚平原，当时人们认为狮子和老鹰等猛兽、猛禽十分威武，于是将两者相加，幻想出了这种奇特的神兽。到了阿契美尼德王朝时期，格里芬的形象又添加了犄角，并成为神圣力量的象征，能守护神庙和宫殿。

阿契美尼德王朝的狮鹫金匾装饰和金臂环

文物小知识

盛宴之杯：来通杯大家族

“来通”一词是希腊语的译音，意为“流出”。在古希腊的酒神信仰中，来通杯被视为圣物。来通杯不仅在古希腊大受欢迎，在亚述帝国、阿契美尼德王朝、粟特地区也广为流传。它既可以是杯子，也可以是盛酒的瓶，通常在重要的礼仪场合中使用。

来通杯的神话传说

在古希腊神话中，酒神狄俄尼索斯的来通杯拥有源源不断的美酒。有一次，狄俄尼索斯来到一个贫穷的村庄，没有人接待他，只有杜尔克利翁和巴乌克斯为酒神斟满美酒，他们所用的器具正是来通杯。狄俄尼索斯举起来通杯，不停往口中倒酒，杯中的酒却始终不减。来通杯也被认为是热情待客之道的象征。

来通杯的形制与功能

来通杯一般是锥形或角形的，造型多样，有兽角形、兽首形、人首形和兽身形等，个别杯体还带有双柄或把手。制作来通杯的材料也多种多样，比如陶土、金属等。来通杯不仅作为饮酒器具，还常在礼仪或祭祀活动中使用。

公羊造型的来通杯

来通杯的使用方法

来通杯通常会设计两个开口，分别是顶端的阔口和底端的小孔。可以从顶端的口直接饮酒，与普通酒杯的使用方法一致。但如果要从底端的小孔饮酒，那么饮者就需高举酒杯，将酒液对准嘴巴稳稳地接住。

金狮鹫造型的来通杯

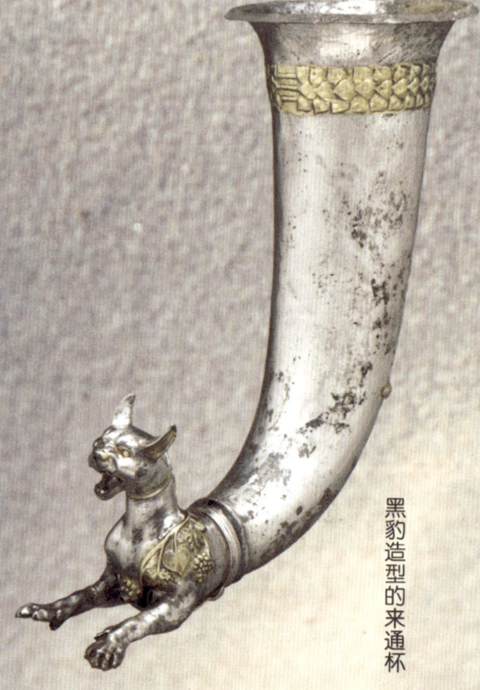
黑豹造型的来通杯

公牛造型的来通杯

人物造型来通杯

黑釉马造型来通杯

中国的来通杯

来通杯早期盛行于西亚地区，随着东、西方商贸往来逐渐增多，来通杯也由丝绸之路传入中国。粟特人是连接东亚、西亚、南亚的重要贸易和文化交流中介，可能是他们将来通杯传播到中国。中国出土的一些来通杯被认为是波斯工匠的作品，但也有观点认为是中国本土工匠的作品。

葡萄串缠枝凤首来通杯　唐　芝加哥博物馆藏

白釉兽首来通杯　唐　大英博物馆藏

镶金兽首玛瑙杯　唐　陕西历史博物馆藏

阿契美尼德王朝

阿契美尼德王朝，也称“波斯帝国”，是古代波斯地区一个把领土扩张到横跨欧、亚、非三洲的伟大帝国。阿契美尼德王朝在大流士一世执政时期趋向辉煌，统治者自称“众王之王”，让人用三种文字把其战绩刻在悬崖上，史称“贝希斯敦铭文”。

阿契美尼德王朝有许多突出成就，尤其在艺术领域，波斯绘画以其精致和细腻著称于世，15世纪—16世纪曾盛极一时，至今不衰。在文学领域，有著名的菲尔多西《列王纪》、海亚姆《鲁拜集》、萨迪《果园》和哈菲兹《哈菲兹诗集》等，这些著作已被译成多种文字，在世界文学史上占有重要地位。

阿契美尼德王朝最终在希波战争中战败，其对外扩张的气焰受挫，随后逐渐走向衰落，最后被亚历山大大帝所灭。

伊朗波斯波利斯遗址

康侯簋

精美的中国西周时期重器

康侯簋就像一个大碗，高圈足，两侧各有一个引人注目的把手。把手上装饰有两只猛兽，长着尖牙和方耳。

创作年代：公元前 11 世纪

类型：青铜器

尺寸：高 21.6 厘米；宽 42 厘米

来源地：中国

康侯簋是一件西周时期的青铜器，1931年出土于中国河南省鹤壁市淇滨区金山街道辛村卫国墓地，于1977年被收入大英博物馆。康侯簋的铭文记载了周公旦平定叛乱返回后，封康叔于卫的历史事件。这件文物的发现为研究西周王朝的历史提供了重要资料。

簋颈与底座各有一圈复杂的装饰花纹，腹部则是简单的长条竖纹，这样的设计把精致与朴素相结合，显得疏密有致。

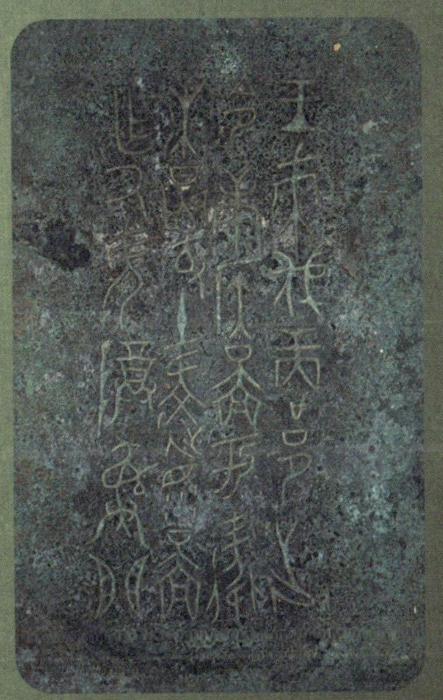

康侯簋既是祭祀用品，也是彰显权力的工具，这一点从器物上镌刻的铭文可以看出。铭文内容记述了周公旦平定叛乱的史实。

铭文大意为：周王讨伐商朝城池，把卫地封给了康侯，康侯的儿子为纪念自己的亡父，制作了这尊青铜礼器。

康侯簋上的铭文，为今人研究“康叔封受封于卫”和“三监之乱”等历史事件提供了宝贵资料。当时，周武王灭商后，把殷商遗民交给商纣王的儿子武庚管理，并派三个弟弟管叔、蔡叔、霍叔监管。周武王病逝后，周成王继位，周公旦摄政。管叔等三人不满，联合武庚发动叛乱，即“三监之乱”。周公旦平定叛乱之后，封卫地于周文王第九子康叔封。康叔封成为卫国的第一任国君，为维护西周的政治稳定做出了很大贡献。

小提示

簋，是礼器、祭器，同时也是一种食器。在为逝者、祖先和神明准备食物的过程中，每一件青铜器都有不同的用途，会存放不同的食品。

邢侯簋　大英博物馆藏

文物小知识

中国先秦时期的青铜器

中国在先秦时期有大量的青铜器涌现，尤其是西周，堪称青铜器的“黄金时代”。当时重要场合的食物烹饪几乎都是在青铜器中进行。青铜器多为贵族阶层享用，天子用九鼎八簋，诸侯用七鼎六簋、大夫用五鼎四簋等，器型的大小和重量等也有严格的等级限制。除簋外，当时还有大量用于盛放食物和酒水的青铜器，它们的作用和功能各不相同。

鸮形卣　大英博物馆藏

卣（yǒu）

卣是盛酒器，盛行时期为商代至西周。这件青铜卣，整体看起来像两只背靠背的鸮，盖子两侧往上翻的小钩是它们的喙，而器足是它们的脚爪。

爵

爵流行于夏、商、周时期，相当于现代的酒杯。圆腹，也有个别方腹，腹部有把手，有三个锥状长足。河南省二里头遗址出土的青铜爵是目前所知中国最早的青铜容器。

乳钉纹铜爵　洛阳博物馆藏

尊

尊也是一种盛酒器，主要流行于商周时期。这件双羊尊的形状为两只连体的公羊，在口鼻与后脖之间装饰着饕餮纹，其余部位装饰着鱼鳞纹。

双羊尊　大英博物馆藏

青铜壶　大英博物馆藏

壶

这件青铜壶也是仪式中用的酒器，时期大概是公元前5世纪，制造于现今的山西省侯马市，这里是东周时期的青铜制造中心之一。

错金菱龙纹青铜豆　弗利尔-赛克勒美术馆藏

豆

豆主要是盛放腌菜、肉酱的器具，也可盛放饭食。豆的形制特点是上部为碗状容器，下部为较高的圈足形柄。

青铜敦　纽约大都会艺术博物馆藏

敦（duì）

敦是盛放饭食的器具。从器型分析，它是由鼎和簋的形制结合发展而来的。

杜伯盨　故宫博物院藏

盨（xǔ）

盨是盛放饭食的器具。由簋演变而来，有一些盨就自铭为簋。同簋一样，盨盖仰置也可盛放食物。

灌木丛中的公羊

这件艺术品是一头公羊的形象，它后蹄站立，前蹄放在树枝上。公羊肩膀上方的管子表明它是某物的支撑结构，或是某样家具的装饰部分。

创作年代： 约公元前 2600 年
类型： 金属装饰
尺寸： 高 45.7 厘米
来源地： 伊拉克

灌木丛中的公羊是一件源自古代苏美尔文明的艺术品，1920年由著名考古学家莱昂纳德·伍利在伊拉克南部的乌尔城发掘。这件艺术品体现了苏美尔文明工艺的极高水平。学界普遍认为其是用于宗教或祭祀的物品。公羊的温和姿态和流畅的线条象征着丰收和繁荣，展示了苏美尔艺术的独特风格和技巧。

这件文物采用了金箔、铜、贝壳和青金石等材料制作而成，具有极高的艺术价值。其内芯是木质的，头部和腿部覆盖着金箔，通过沥青固定。其底座也是木制的，装饰有贝壳、红色石灰石和青金石。雕像的耳朵采用铜制成，而额头上的角、胡须以及肩部则是用青金石制作，背部绒毛则用贝壳呈现。此外，雕像上的树枝装饰有金箔制成的茎叶和花朵。

与美索不达米亚平原发掘出的其他较为抽象的动物艺术品相比，这件作品中的动物更接近原型，更加生动。

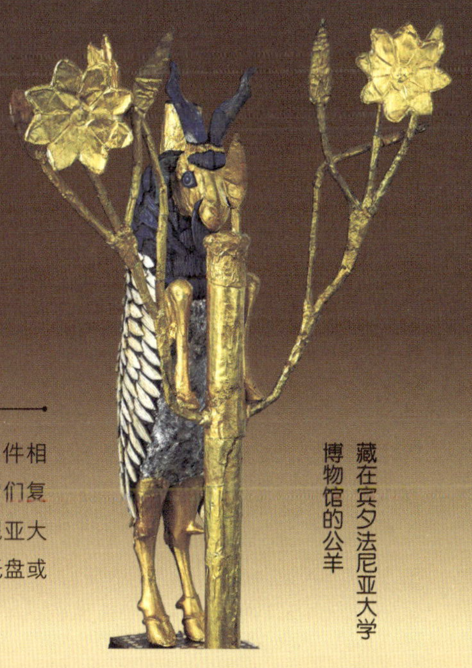

藏在宾夕法尼亚大学博物馆的公羊

小提示

1928年9月，考古学家莱昂纳德·伍利在乌尔城的皇室陵墓内发掘出两件相邻放置的公羊装饰，他将这两件装饰都称为“灌木丛中的公羊”，并尽力将它们复原。其中一件陈列在大英博物馆的中东展区，另一件藏于美国费城的宾夕法尼亚大学博物馆。考古学家认为，这两件公羊装饰不是独立的，而是共同作为某个托盘或碗的支撑结构。

萨顿胡头盔

英国的『图坦卡蒙』

此头盔的帽盔是由整块铁片锻打制成的，两边的护耳和护颈则由皮质钩环与帽盔连接。

眼眶的上方残留着曾镶嵌的红宝石。

头盔覆盖着镀锡铜合金板（现大部分已脱落），铜合金板上印有各种图案，包括动物和战士的形象。战士的图案被称为“跳舞的战士”和“堕落的战士”。

创作年代：6 世纪末至 7 世纪初

类型：金属头盔

尺寸：高 31.8 厘米；长 25.5 厘米；宽 21.5 厘米

来源地：英国

萨顿胡头盔出土于英国萨福克郡，是盎格鲁-撒克逊时期的文物，展现了英国当时先进的金属加工技术和艺术水平。这件头盔作为贵族随葬品，象征着墓主人的社会地位，其巧妙地融合了铁、铜、金等材料，并装饰有动物和战士图案，体现了当时的工艺和文化。萨顿胡头盔不仅是军事装备，也是研究当时社会、宗教和艺术的重要资料。

头盔的设计巧妙地融入了一些隐藏图像：面罩中央的鎏金部分，暗含了一只冲天而起的飞鸟造型。胡须部分构成了尾羽，鼻梁是身躯，而眉毛处则是舒展的双翼，其上就是头部。

在前额和后脑勺均有镀金的动物，这些动物有石榴石的眼睛。眉毛镶嵌着银线和石榴石，每一边眉毛上端都刻有镀金的动物形象，应是力量和勇气的象征。

小提示

这艘盎格鲁-撒克逊时期的殡葬船保存了大量的宝藏，包括武器、银餐具、硬币和纺织品等。尽管船身未能保留，但其轮廓却被完整保留。这座墓葬的发现揭示了6世纪、7世纪英格兰高度发达的社会和广泛的贸易网络。盎格鲁-撒克逊人的到来开启了英国历史上著名的“七国时代”，期间各方面的融合为英格兰的统一奠定了基础，这也是今天英格兰人普遍视盎格鲁-撒克逊人为祖先的原因。

发掘现场

伊费国王头像

平静的非洲王

头像嘴部周围有一连串小孔，可能是用来悬挂遮盖面部的串珠帘子的。

创作年代： 12 世纪—14 世纪

类型： 黄铜雕塑

尺寸： 高 34.5 厘米；宽 14 厘米

来源地： 尼日利亚

头像的脸部呈椭圆形，布满了精心雕刻的竖线。面部表情显得沉着、镇定、祥和，同时也传达出一种不可撼动的权威。

伊费国王头像是尼日利亚伊费文化的代表作之一，体现了非洲工匠对失蜡铜铸技术的精湛掌握。这件艺术品不仅展示了精细的头饰和面部细节，而且对研究西非的历史和金属工艺技术具有极高的价值，证明了非洲14世纪、15世纪高度发展的艺术和工艺水平。

王冠呈环带状。前额有狭窄的帽檐，颈后有精致的饰板。

王冠的正面有一个圆锥体，中心凸起，被7个同心圆包围。后面饰有一条尖尖的辫子。这两种部件都带有黑色油漆的痕迹。

小提示

伊费古城，位于尼日利亚西南部的奥孙州，是西非古文明的重要中心之一。其统治者“奥尼”被视为原始造物神的后代。从800年左右开始，伊费逐渐发展成为城邦，在1100年至1400年间成为尼日尔河下游地区的政治、经济和文化中心，拥有繁荣的商业网络。伊费的艺术家创作了大量陶土、石头、黄铜和红铜雕塑，以其自然主义风格而著称，这些作品不仅展示了非洲独特的艺术风格，还曾被西方世界拿来与古希腊、古罗马的作品相比较，证明了伊费在非洲艺术和文化史上的卓越地位。

伊费风格头像及复制品

湿婆神像

宇宙舞神

湿婆神飞扬的头发呈扇形散开，其右侧头发里端坐一尊小巧的甘伽小像。据说甘伽是顺着湿婆神的头发流到人间，最终化作了恒河。

湿婆神抬起左脚，而他的右脚踩着矮人恶魔阿帕斯马拉。

湿婆神眼睛是睁开的，注视着这个世界，表明他跳的是“创造之舞”。如果湿婆神把双眼闭上的话，那他跳的就是“毁灭之舞”。

创作年代： 约 1100 年

类型： 青铜雕塑

尺寸： 高 89.5 厘米

来源地： 印度

湿婆神像以其精致的工艺和深邃的象征意义而闻名。湿婆是印度教最重要的神祇之一，象征着毁灭与重生的循环。雕塑的设计中充满了丰富的寓意，它不仅是印度艺术的杰出代表，也是对宗教和哲学思想深刻理解的艺术体现。

湿婆神被一个火圈环绕，火圈代表着宇宙的无限性。湿婆神出现在一个周期的结束和另一个周期的开始。

他有四支手臂，后面的右手拿着一个沙漏形状的双面鼓，敲打着宇宙律动的节奏。左手托着一团火焰。

小提示

湿婆神通常以舞者的姿态出现，这种形象被称为“宇宙之舞的湿婆”，是湿婆神最著名的形象之一。湿婆神也被叫作“舞神”，是印度舞的鼻祖。湿婆神用舞蹈创造世界，并制定宇宙的秩序，世界就在他的舞蹈中诞生和毁灭，不断地循环。每当一个宇宙周期结束、下一个周期开始的时候，湿婆神都会出现在凯拉萨山顶跳舞。湿婆神边跳舞边击鼓，鼓声唤醒了新生命。“世界在舞蹈中诞生”这种观念，造就了印度浓厚的舞蹈文化氛围。

舞王湿婆像　大都会艺术博物馆藏

盖尔－安德森猫

现存最精美的古埃及猫形雕塑之一

雕塑佩戴银色项链、金色耳环和鼻环。

猫头上和胸前的圣甲虫象征着重生，而胸前的银色荷鲁斯之眼则象征着庇佑和治愈。

创作年代：古埃及晚期

类型：青铜雕塑

尺寸：高 34 厘米（不含底座）

来源地：埃及

小提示

在古埃及文化中，猫不仅作为宠物受到人们的喜爱，还象征着重要的宗教角色。猫可以保护粮仓免受老鼠和蛇的侵扰，而它们也被视为巴斯特的化身。此外，古埃及人还通过为猫举行葬礼的方式来表达对巴斯特的崇拜，这一习俗在古埃及部分地区尤为盛行。墓穴中常见猫陪伴着主人，有时旁边还放有食物，体现了猫在古埃及人日常生活和宗教活动中的重要地位。

盖尔-安德森猫是一尊古埃及晚期的青铜雕塑，展现了女神巴斯特的形象，她通常被描绘为猫头女身或猫形，是尼罗河三角洲布巴斯蒂斯的主要崇拜对象。这尊雕像可能源自一座寺庙，象征着信徒与神灵的沟通，通常只有国王或贵族才能制作并装饰如此精美的青铜神像。1939年，它被罗伯特·格伦维尔·盖尔-安德森少校捐赠给大英博物馆。

图坦卡蒙墓出土的圣甲虫饰品
埃及国家博物馆藏

圣甲虫在古埃及文化中占据着重要地位，代表着再生和复苏。这种甲虫的形象经常出现在古埃及的护身符、戒指、墓碑和文本中。古埃及人认为，甲虫象征着重生和永恒的生命循环。

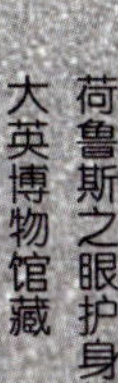

荷鲁斯之眼护身符
大英博物馆藏

荷鲁斯之眼是古埃及的一个象征符号，代表保护、健康和复原的力量。这一符号源自古埃及神话中的一个故事：荷鲁斯在与邪恶的塞特的战斗中失去一只眼睛，但后来其眼睛被神奇地恢复。荷鲁斯之眼的图案在古埃及被广泛用作护身符，旨在驱邪避灾，保护佩戴者免受疾病和恶意的伤害。

女神巴斯特青铜像

有猫的埃及彩色墓画残片

双头蛇绿松石马赛克胸饰

震惊欧洲的马赛克艺术品

胸饰内部由木架支撑，外部精心镶嵌着大约2000块涡螺壳和绿松石等，呈现出独特的视觉效果。双头蛇两端各有一个咆哮的蛇头，身体呈曲线形蜷曲起伏，以侧面示人。雕塑的两个对称蛇头体现了阿兹特克文化中对于对称和平衡的重视。

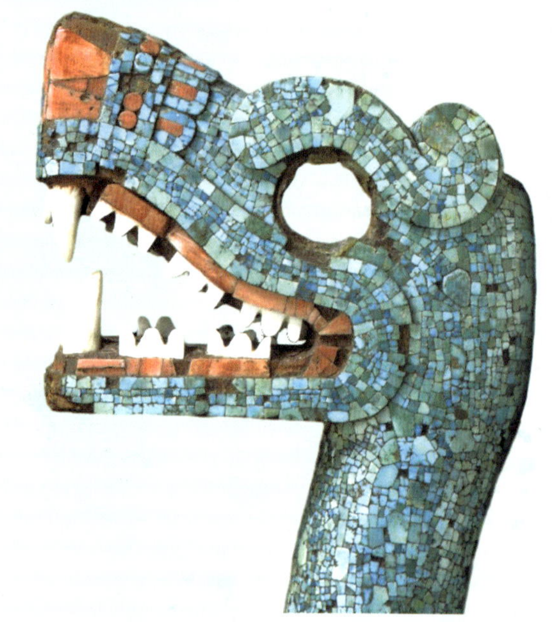

在蛇头的鼻子和齿龈处用鲜红色的贝壳装饰。前端的牙齿则用白色贝壳镶嵌。所用的黏合剂是松树脂，芳香浓郁，至今在墨西哥仍有使用。

胸饰采用双头蛇为设计图案，可能寓意着“能衔接各个领域的纽带”。它是权威的象征，也许曾是仪式服饰的一部分。

创作年代： 1400年—1521年

类型： 马赛克胸饰

尺寸： 高20.3厘米；宽43.3厘米

来源地： 墨西哥

随着视角移动，光线会在绿松石上闪烁，变幻的颜色仿佛让双头蛇活了过来。它既神秘又令人不安，传递出一种原始的魔力。

双头蛇胸饰来自墨西哥，以其细致的镶嵌工艺而闻名，是阿兹特克艺术的杰出代表。这件胸饰不仅是一件绝妙的美术工艺品，更是研究阿兹特克文化和宗教信仰的重要物证。

小提示

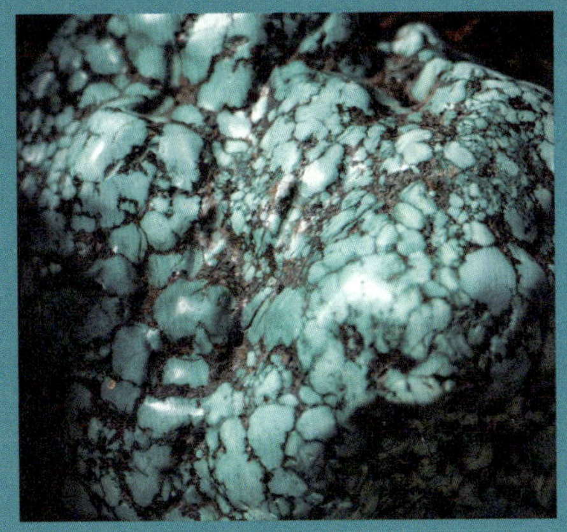

绿松石是铜和铝等元素的磷酸盐矿物集合体，这种矿物中含铜多时呈蓝色，含铁多时呈绿色。绿松石时而翠绿时而天蓝的颜色，像极了美洲雨林中的流水和天空，对应着阿兹特克文明中的雨、水和风暴之神——特拉洛克；河、湖以及生育女神——查尔丘特里魁；天空和太阳神——托纳提乌，因此绿松石在阿兹特克文明中占据极高的地位。

文物小知识

古老的艺术：迷人的马赛克

“马赛克”是英文“Mosaic”的音译，源于神话中掌管诗歌、艺术和科学的女神缪斯。它的本意是“值得静思、需要耐心的艺术工作”，这句话也道出了马赛克艺术家的工作状态。马赛克工艺发源于两河流域的美索不达米亚文明，美索不达米亚人用各种颜色的小石子镶嵌出斑斓的拼贴图案，来装饰神庙建筑的地板、墙壁、家具，发展到后来还用来装饰雕塑、珠宝。

乌尔皇家旗

精致的马赛克工艺

马赛克镶嵌艺术品是最耐久的艺术品之一，具有相当高的工艺难度，因此在古代被视为一种奢侈的艺术形式。在制作时，首先要将大块的镶嵌片加热，待冷却后再切割成片，最后用镊子将镶嵌片放置到合适的位置。

马赛克镶嵌片的色彩多种多样，精心组合后可以打造出细腻的光影效果和渐变的深浅色调。当光线从马赛克表面掠过，便能营造出出乎意料的效果。随着人的移动，光影的折射亦随之而动。

大英博物馆的马赛克收藏

大英博物馆收藏了众多阿兹特克文化的绿松石镶嵌马赛克艺术品。

马赛克面具

马赛克动物浅杯

马赛克头盔

阿兹特克文化

阿兹特克王朝在14世纪到16世纪统治墨西哥，疆土覆盖了现在墨西哥的大部分领土。阿兹特克文明与印加文明、玛雅文明并称为中南美洲三大文明。

特诺奇蒂特兰古城遗址

16世纪20年代，西班牙探险家科尔特斯等人来到阿兹特克的都城特诺奇蒂特兰，当时的国王蒙特祖马面对这些外来者时没有召集军队抵御，而是向其献上供神用的珍稀礼物，其中之一便是“嵌有绿松石的弯曲巨蛇”，很可能就是本文中这条双头蛇。因此，这条双头蛇具有一种矛盾的双重意义，它既是阿兹特克文化繁荣的记录，也是阿兹特克王国崩塌的见证。蒙特祖马去世后，特诺奇蒂特兰城被西班牙人攻陷，至此，阿兹特克王国的统治宣告终结。

阿兹特克日历石是阿兹特克雕塑中最著名的一件，表明阿兹特克人对历法非常重视。

双头蛇寓意

蛇在阿兹特克文明的宗教中占有重要的地位，羽蛇神、火蛇、云蛇、地母神、战神等形象都与蛇有关。其中最特别的是羽蛇神，对阿兹特克人来说具有重要的意义，因为它是重生和复活的象征。

羽蛇神浮雕

马赛克头骨

羽蛇神是凤尾绿咬鹃和蛇的结合，分别代表着天与地的力量。双头蛇绿松石马赛克身上的蓝绿色，和凤尾绿咬鹃的羽毛颜色特别像。所以可以推测这件双头蛇就是羽蛇神的象征。

凤尾绿咬鹃

波特兰花瓶

古罗马玻璃制品

瓶口边缘并不平，但瓶颈却对称地延伸到肩部。

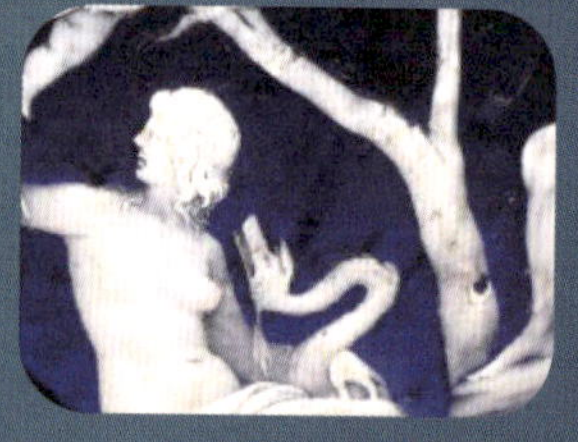

半透明的深钴蓝色玻璃瓶身上，覆盖着不透明的白色玻璃浮雕，就像蓝色大海上卷起白色浪花。瓶身上面雕刻的人物和场景的亮度并不相同，这是因为雕凿深度有区别。

两侧手柄下方各有一个面留胡须、头顶犄角的头像，它们将浮雕故事分割成了两部分。

创作年代： 1 世纪

类型： 玻璃器

尺寸： 最大直径 17.7 厘米；高 24.5 厘米

来源地： 意大利

波特兰花瓶是现存最精美的古罗马玻璃工艺品，这件工艺品不仅体现了古罗马工艺的巅峰，还在艺术史上具有重要地位，其精细的工艺和优雅的设计反映了古代罗马社会的审美和技术成就。

这幅场景中，一个年轻男子正从神殿走出来，手里紧握着斗篷。他伸出左手，抓住了坐在地上的女子的手臂。这位女子转向他，同时轻抚一条蛇形生物。爱神厄洛斯在女子头顶飞翔，一手持弓，另一手执火把。另一位蓄须男子手臂支撑在膝盖上，沉静地注视着这一幕。整个场景在神殿和灌木的背景下展开，营造出一种既具叙事性又充满动态的氛围。

另一幅场景中，一位年轻男子坐在岩石上，目光转向旁边的女子。这位女子斜靠着，右手抬至头顶，身体微侧观察她身后的地面，左手持有一支点燃的火炬。在场景的右侧，另一位半裸的女子回头观望，手中握有权杖。整个场景被位于神殿的石级环绕，形成一种封闭的空间感。

小提示

波特兰花瓶曾在1845年被一名醉酒的青年打碎。几经修复，才得以恢复。凑近来看，仍可发现很多明显的修复痕迹。

大维德花瓶（一对）

这对花瓶在白色背景上，以鲜明的蓝色描绘了复杂的龙凤图案和吉祥的云与花卉纹样。一共有 8 层纹饰。

顶部绘一圈菊花，下面是重重叠叠的芭蕉叶。

花瓶的两侧带有两个耳，仔细看是象头和象鼻，设计十分巧妙。

龙身缠绕整个瓶身，四周布满云纹。龙嘴大大张开，双目圆睁，呼之欲出。

创作年代： 元代

类型： 瓷器

尺寸： 左瓶高 63.8 厘米；直径 19.6 厘米

右瓶高 63.6 厘米；直径 22 厘米

来源地： 中国

大维德花瓶得名于20世纪收藏家大维德爵士，是中国元代青花瓷中的杰作，也是已知最为重要的青花瓷标准器之一。这件作品不仅展现了元代青花瓷的精湛工艺和当时的审美风格，而且体现了中国与外界的贸易交流。

颈部铭文记录了该器的制作日期和制作目的：名叫张文进的男子将这一对花瓶和一尊香炉供奉给一间祖师道观，以祈求阖家平安。

铭文原文为：信州路玉山县顺城乡德教里荆塘社，奉圣弟子张文进喜舍香炉、花瓶一付，祈保合家清吉，子女平安。至正十一年四月良辰吉日舍，星源祖殿胡净一元帅打供。

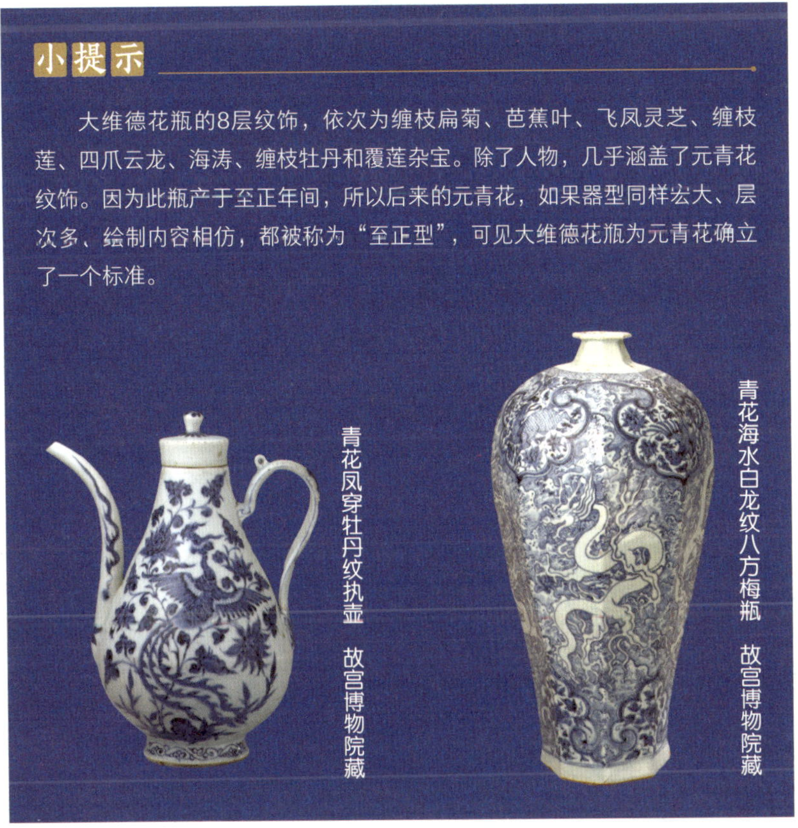

小提示

大维德花瓶的8层纹饰，依次为缠枝扁菊、芭蕉叶、飞凤灵芝、缠枝莲、四爪云龙、海涛、缠枝牡丹和覆莲杂宝。除了人物，几乎涵盖了元青花纹饰。因为此瓶产于至正年间，所以后来的元青花，如果器型同样宏大、层次多、绘制内容相仿，都被称为“至正型”，可见大维德花瓶为元青花确立了一个标准。

青花凤穿牡丹纹执壶　故宫博物院藏

青花海水白龙纹八方梅瓶　故宫博物院藏

柿右卫门大象（一对）

首先吸引观者目光的是这些瓷器的夺目色彩。它们的釉色明亮且清新，展现了柿右卫门瓷器特有的柔和乳白色特点。白色象身被鲜艳的红色、蓝色等花纹点缀，腿部也装饰以红色点缀，眼睛的设计充满了日式风情。

耳部正面为浅黄色，并以红色勾勒边缘，耳型表明其品种是亚洲象。

创作年代：江户时代

类型：瓷器

尺寸：高约 35 厘米；宽分别约 43.5 厘米、42 厘米

来源地：日本

这两尊大象是柿右卫门瓷器的代表作，展现了柿右卫门制瓷的精细和对动物观察的深入。这些作品体现了柿右卫门瓷器独特的风格，不仅展示了江户时代日本瓷器艺术的高超水平，还反映了当时日本的对外贸易和文化交流情况。

背上的图案是乘骑的挽具。

大英博物馆藏的柿右卫门风格瓷器

柿右卫门瓷器以精细的质地、鲜明的色彩和简洁的设计而著称，是日本瓷器中的珍品。这种瓷器风格起源于17世纪，由陶艺家柿右卫门创立，其独特风格在欧洲引发了一股收藏热潮。这种艺术形式传承至今，成为日本传统手工艺的代表。

小提示

日本佐贺县有田町附近有丰富的瓷石资源，这些瓷石在经历数千年的风吹日晒后自然氧化，因此瓷色并非纯白，而是一种暖色调的乳白。柿右卫门家族从江户时代起便开始利用这种原料制瓷，已有近400年的历史。大象表面的上釉技术并不简单，被称为“浊手”，是一种别具一格的特殊技艺。有田町生产的瓷器叫“有田烧”，也叫“伊万里”，按制造时期和样式不同分为初期伊万里、古九谷、柿右卫门、金襕手。

彩绘花鸟纹六角壶（柿右卫门样式）东京国立博物馆藏

拉美西斯二世雕像

伟大的『万王之王』

雕像由一整块双色花岗岩雕刻而成，头部和身体为两种不同的颜色，雕塑家用石材的双色特性强调头部和身体的区别。

雕像面容平静而庄严，从高处俯瞰众人，营造出一种压倒性的气场。雕像的眼睛并不是直视前方，而是微微向下，营造出一种威严感。

1817 年，人们注意到雕像上有涂色的痕迹，因此它可能在古代被涂成红色。

雕像胸前有个小圆洞，据说是当年拿破仑远征埃及时留下的。当时，拿破仑看中了神庙门口的拉美西斯二世雕像，想把它带走。但雕像实在太重，拿破仑没法直接移动，只能放弃。

创作年代：埃及第十九王朝时期

类型：石质雕像

尺寸：高 266.8 厘米；宽 203.3 厘米

来源地：埃及

这尊雕像塑造的是第十九王朝的法老拉美西斯二世，原先位于上埃及底比斯的拉美西斯神庙庭院，与另一尊雕像相对。

背上刻有象形文字，内容可能是国王的名字和头衔，以及对神灵的崇拜。

小提示

拉美西斯二世统治埃及的时期是公元前1279年至公元前1213年，在他的统治下，埃及国力强盛、经济繁荣。他自称“伟大而战无不胜的拉美西斯二世”，并在底比斯建造了以自己名字命名的神庙。这座雕像位于神庙第二个庭院的入口处，是院内众多雕像之一。

拉美西斯神庙门口的四座拉美西斯二世雕像

头戴奈米斯头巾，上面有乌拉伊饰环。这种具有代表性的头巾，最早出现在旧王国时期法老左塞尔的雕像上。

埃尔金石雕（局部）

欧洲文化的基础

创作者：菲狄亚斯
创作年代：公元前 5 世纪中期
类型：大理石浮雕
来源地：希腊

在这组雕像中，最左边的骑士骑在马上，昂首阔步。中间的裸身男子手持着拴马的缰绳，头向后转。最后有一名少年正在替身前的骑士系腰带。画面的节奏感一直在变化。尽管雕刻深度有限，但作品却富有强烈的真实感。

文物放大镜

埃尔金石雕指的是古希腊帕特农神庙浮雕群，原本装饰在雅典卫城的帕特农神庙上。1800年，英国人购得这些雕塑，并移至英国，它们最终成为大英博物馆的镇馆之宝。埃尔金石雕是研究古希腊历史和艺术的重要资源，也是世界文化遗产的一部分。

这排行进的骑马队伍也是游行队伍的一部分。

帕特农神庙的内墙饰带沿内墙向四周展开，总长约160米，大英博物馆收藏了约有一半。这些饰带雕刻的内容是泛雅典娜节上的游行队伍，这个节日每4年举行一次，目的是纪念雅典城的建立。参加游行的有各个社会阶层的代表，有些披着披篷、穿着束腰外衣，有些几乎赤裸，有的戴着独特的帽子或头盔。

小提示

山形墙是古希腊神庙建筑不可或缺的装饰。

河神伊利索斯象征流经雅典的伊利索斯河。

爱神阿芙洛狄忒倚靠着身旁的女神，姿态放松。

摩艾石像『失落或被盗的朋友』

虽然只是半身像，高度却超过 2 米，极有气势。因为玄武岩很坚硬、沉重，当时的制作工具又比较粗糙，所以雕像缺乏细节，比较概括。

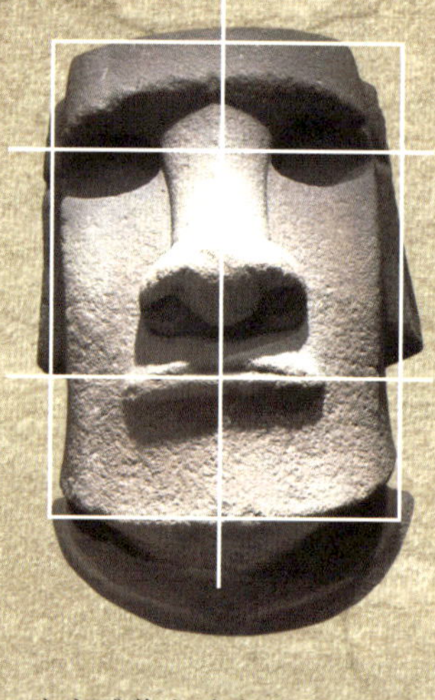

这座雕像每个部位都异常巨大，头部像棱角分明的几何图形，几乎与身体等宽、等长。眉骨突出，眼窝深陷，鼻梁挺直，鼻孔外张，双唇紧闭，宽阔的下巴朝前夸张地伸着，表现出一种固执又坚毅的表情。

比起头部，雕像的身体更加简洁。双手没有细节，看不见手指，躯体上唯一的细节便是突起的乳头。摩艾石像是一种化繁为简的艺术。

创作年代：约 1000 年—1200 年
类型：玄武岩雕像
尺寸：高 242 厘米；宽 96 厘米
来源地：智利

“失落或被盗的朋友”是复活节岛众多摩艾石像中的一座，以其巨大的头部和鲜明的面部特征而著称。它代表了复活节岛丰富而神秘的文化遗产，并且也是大英博物馆受欢迎的展品之一。

“失落或被盗的朋友”的独特之处在于其背后的图案，这些图案反映了复活节岛宗教仪式的演变。随着资源逐渐枯竭和生活条件恶化，岛民从摩艾石像信仰转向了“鸟人崇拜”。

小提示

“失落或被盗的朋友”曾被放置在海岸线的平台上，和同样巨型的石像伙伴们排在一起，背朝大海凝视着这个岛屿，它们之中最高的能达到20米。建造、竖立和移动这些雕像，需要耗费大量人力、物力和时间，技术难度大。复活节岛的居民究竟是怎么做到的，至今仍然是一个谜。

拉玛苏石像

业述人的守护神

这尊雕像是一只长着人头、带有翅膀的公狮，最初带有多种颜色。与其他很多拉玛苏神兽一样，这尊雕像也是由不同生物的部分身体组成。

头部的三层王冠是王权的象征。

人头代表智慧。

鸟的翅膀代表极快的速度。

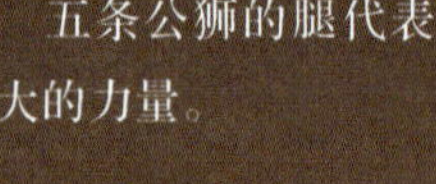

五条公狮的腿代表强大的力量。

创作年代：公元前 865 年—公元前 806 年

类型：雪花石膏雕塑

尺寸：高 350 厘米；长 371 厘米

来源地：伊拉克

拉玛苏石像是亚述帝国守护神的象征，诞生于公元前9世纪，1845年由莱亚德在尼姆鲁德古城发掘。庞大且威严的带翼人面狮身、人面牛身雕像，不仅展现了亚述石雕的精湛技艺，也反映了古亚述人对神性与王权融合的崇敬。

《对尼尼微古迹中亚述宫殿大厅的艺术想象图》 1853年
奥斯汀·亨利·莱亚德爵士

这尊雕像是守护亚述纳西拔二世宫殿的一对雕像中的一尊，另一尊为人面牛身的形象。它们被放置在宫殿入口处，是宫殿的守护雕像，相当于门神。目的是抵御邪恶进入，以守护帝国及其领袖。

拉玛苏石像　大英博物馆藏

小提示

亚述帝国位于美索不达米亚平原北部，公元前9世纪至公元前/世纪间达到鼎盛，其势力曾扩张至小亚细亚东部和埃及。大英博物馆的亚述文物大多源自奥斯丁·亨利·莱亚德在尼姆鲁德古城的考古发掘，尤其是亚述纳西拔二世的宫殿遗址。这些文物，主要以雪花石膏雕刻，展示了亚述石雕艺术的高超技艺，包括浮雕石板和立像，生动地描绘了狩猎、战争等场景，反映了亚述帝国的历史和国王的功绩。

亚述纳西拔二世是亚述最伟大的国王之一。他在位期间，亚述帝国达到了前所未有的繁荣。同时他也是一位重视文化和艺术的君主，为后世留下了许多珍贵的文物。

亚述王室有着悠久的猎狮传统，国王亲自杀死狮子，代表他拥有保护国家免受危险事物侵害的能力。

纳西拔二世杀死一头狮子的浮雕。

亚述纳西拔二世立像

顧愷之畫

女史司箴敢告庶姬

英国其他博物馆名录（节选）

维多利亚与艾伯特博物馆

自然历史博物馆

英国国家美术馆

泰特现代美术馆

英国科学博物馆

英国国家海事博物馆

伦敦交通博物馆

英国国家肖像馆

伦敦博物馆

福尔摩斯博物馆

盖尔—安德森猫

图书在版编目（CIP）数据

世界博物馆全书. 第一辑. 大英博物馆 / 红糖美学著. -- 武汉：华中科技大学出版社，2024. 11.（世界瑰宝系列）. -- ISBN 978-7-5772-1165-7

Ⅰ. G269.1

中国国家版本馆CIP数据核字第2024SB2507号

世界博物馆全书. 第一辑 大英博物馆

Shijie Bowuguan Quanshu Di-yi Ji Daying Bowuguan

红糖美学 著

出版发行：华中科技大学出版社（中国·武汉）
华中科技大学出版社有限责任公司艺术分公司

电话：（027）81321913
（010）67326910-6023

出 版 人：阮海洪

责任编辑：张 颖 刘昊威 杨志新 封面设计：JOJO
责任监印：赵 月 张 丽

制 作：王玉平
印 刷：北京兰星球彩色印刷有限公司
开 本：889mm × 1194mm 1/16
印 张：60
字 数：550千字
版 次：2024年11月第1版第1次印刷
定 价：998.00元（全10册）